介護のしごとが

気持ちを届ける
ことばの選び方

相手を思いやり、
正しく伝えるための
表現方法と
言い換えフレーズを
学びます

監修
大谷佳子
昭和大学保健医療学部 講師
諏訪茂樹
東京女子医科大学看護学部 准教授

日本医療企画

はじめに

　介護職になったばかりの新人にとって、日々の業務は初めて経験することばかりです。
　どうすればいい？　どうして？　などの疑問があっても、先輩や上司に、何をどう聞けばよいのか迷うことも多いでしょう。
　そんなとき、新人介護職員の皆さんにさまざまなヒントを与えてくれるのが「介護のしごとが楽しくなるこころシリーズ」です。
　本シリーズでは、介護職員が自信をもって笑顔になる、利用者が喜び元気になるサービスを、《介護のこころ》とともに学ぶことができます。

　シリーズ第12巻は、『気持ちを届ける　ことばの選び方』です。みなさんは、それまでご機嫌だった利用者が自分の一言で顔色を変えてし

まった、そんな経験はないでしょうか？

　相手に自分の意図が伝わらない、失言から相手を傷つけてしまう、そんな状況があるように思われます。

　介護では技術もさることながら、ことばが大切です。介護職員は相手に伝わることば、相手を思いやり、傷つけないことばを的確に使うことが求められます。

　そうした状況をふまえ、高齢者に喜ばれることばの選び方を一から学んでいきましょう。

目　次

第1章　人を不快にさせない言い換えは、こころ構えから

一言で信頼関係は壊れる..................................10
取り返しのつかないことばもある........................12
ことばの受け取り方は人によって異なる...............14
ストレートな言い方を避ける.............................16
高齢者に無力感を与えない................................18
相手を説得しようとしない................................20
こんな言い方はNG..22

第2章　援助場面ごとの言い換え

家事援助の場面での言い換え.............................26
居住環境整備の場面での言い換え........................28
整容介助の場面での言い換え.............................32
移動介助の場面での言い換え.............................36
食事介助の場面での言い換え.............................40
入浴介助の場面での言い換え.............................46
排せつ介助の場面での言い換え..........................50

5

買い物の場面での言い換え..................................56
レクリエーションの場面での言い換え.....................58
外出の場面での言い換え......................................62
それ以外の場面での言い換え................................66

第3章　高齢者の状態に応じた コミュニケーション

認知症の高齢者の場合..70
うつ病の高齢者の場合..80
独居高齢者の場合..82
からだの不自由な高齢者の場合.............................84

付録1　うまく言い換えるコツ

わかりやすいことばに..88

付録2　日常的に使うことばの言い換え

言い換え一覧..96

◆本書の使い方◆

第1章 人を不快にさせない言い換えは、こころ構えから

利用者へのことばかけに必要な基本的なこころ構えを学びます。

第2章 援助場面ごとの言い換え

各援助場面における事例にもとづき、ことばかけのポイントと良い例をみていきます。

第3章 高齢者の状態に応じたコミュニケーション

認知症などの高齢者の状態に応じたコミュニケーションの方法を、事例にもとづき具体的にみていきます。

付録1　うまく言い換えるコツ

聞く相手の気持ちになって、やわらかくわかりやすい表現を学びます。

付録2　日常的に使うことばの言い換え

「好ましくないことば」は「好ましいことば」に言い換えることで、介護職員自身の意識が変わります。言い換え一覧を活用してください。

第1章

人を不快にさせない言い換えは、こころ構えから

同じことばでも、人それぞれ受け取り方は異なります。聞き手を傷つけないための話し方とこころ構えを学びます。

一言で信頼関係は壊れる

まずはことばのもつ重みについて理解しましょう

人のこころを動かすには一言で十分

　みなさんは普段どれほど自分のことばについて意識されているでしょうか。

　長々と話を続けたからといって、人のこころを動かすことができるわけではありません。たった一言で一気に親しくなって関係が深まることもあれば、一言でそれまで積み重ねてきた信頼関係をだめにしてしまうこともあります。ことばにはそのような力があるのです。

相手の立場にたって考える

　たとえば職務外で利用者の依頼に応えられないとき、単に「規則だからできません」と断らずに、「私もお手伝いしたいのですが」と相手を思い

第1章 人を不快にさせない言い換えは、こころ構えから

やることばを添えることが重要です。

　肝心なのは、いかに納得してもらうかです。

事例 介護保険対象外のサービスを頼まれる

　利用者のAさんに「庭の手入れをしてほしい」と頼まれた新人介護職員のBさん。訪問介護サービスには必要最低限の掃除しか含まれておらず、庭掃除を引き受けられません。Aさんに納得してもらおうと、「介護職員は、規則で決められたことしかできないんです。規則では……」と介護職員の役割について一生懸命説明しました。初めは黙って聞いていたAさんですが、そのうち「規則、規則ってあなたには自分のことばや意見はないのか」と怒ってしまいました。

取り返しのつかないことばもある

ことばを発するときはよく考えて慎重にしましょう

うっかり口がすべったでは許されない

　たった一言の失言が原因で、築き上げてきた信頼を一気に失うこともあります。一度口に出してしまったことばは取り消すことはできません。ほんのささいな一言でも人は傷つき、信頼関係を損ねることもあるのです。信頼関係を築くためには長い年月がかかりますが、失うのは一瞬なのです。

信頼を失わないために

　考え方や立場が違えば、傷つくことばも当然違います。あなたが冗談のつもりで口にしたことばが、相手を深く傷つけることもあるかもしれません。

第1章 人を不快にさせない言い換えは、こころ構えから

　利用者を傷つけるようなことにならないためにはどうすればよいでしょうか？
　介護職員は、相手を傷つけはしないかと細心の注意を払い、ことばを選ぶことが重要です。ことばや態度で、利用者の気持ちを否定するようなことがないよう、注意してください。

×言ってはいけないことば

- それは考えすぎですよ。
- どうせできないから、無理しないでください。
- ご家族は介護で大変なんですよ。

ことばの受け取り方は人によって異なる

ある人には賞賛ととれることばも別の人には批判にもなります

ことばの受け取り方は人それぞれ

　介護職員本人が言われて何とも思わないことばでも、高齢者が言われて傷つくことばはたくさんあります。また良かれと思って言ったことばが悪くとらえられてしまうこともあります。相手が言われてどのように感じるかを常に考え、ことばを発するようにしましょう。

印象でことばの受け取り方も異なる

　ことばの受け取り方は、相手がこちらに対してどのような印象をもっているかでも大きく異なってきます。相手がこちらに好印象をもっていればことばは肯定的に、悪い印象をもっていれば否定的に受け止めます。そのため一度相手

第1章 人を不快にさせない言い換えは、こころ構えから

に悪い印象をもたれてしまうと何を言っても聞き入れてもらえないこともあるのです。また悪い印象を、ぬぐいさることは非常に困難です。

相手に好印象をもってもらえるように普段から丁寧なことばを使い、真摯(しんし)な対応をこころがけましょう。相手との信頼関係ができて初めて、介護職員の仕事をまっとうできます。介護には普段からの信頼関係が重要なのです。

ストレートな言い方を避ける

ずけずけ言われれば人間誰しも心穏やかではありません

ものは言いよう

　人間は感情をもつ動物です。人から容赦なく言われれば、たとえ内容が正しいことであっても腹が立つこともあります。こちらの言い分が相手に受け入れられるかどうかは、内容以上に言い方が大切になります。オブラートにつつんだやわらかい言い方をすることによって、相手は受け入れやすくなります。ただしいつも相手に対して、やわらかい言い方をすればいいわけではありません。

　相手や場面に応じて適宜言い方を変えることが必要になります。

第1章 人を不快にさせない言い換えは、こころ構えから

事例 口うるさく言って利用者を怒らせた

　介護職員は、生活支援でうかがっている利用者Cさんにいつまでも元気で自立していてほしいと思い、「食事はきちんと召し上がってください」「もっと歩かないとからだに良くありませんよ」などと、ことあるごとにずけずけと言っていました。ついにCさんは、「そんな言い方しなくてもいいじゃないか」と怒ってしまいました。

高齢者に無力感を与えない

人間誰しも気にしていることには触れてほしくないものです

高齢者の心理に配慮

　人間は年齢を重ねることで、若い頃にできたことができなくなったり、時間がかかるようになったりして、今まで営んできた生活が困難になってきます。そして高齢者の多くはそのような状況をとても気にしています。したがって高齢者にことばをかける際は、相手の状態や心理を理解したことばかけをしなくてはなりません。

　たとえば、できなくなったことを指摘するのではなく、できたことを話題にして、「よかったですね」と肯定的に評価するとよいでしょう。もちろん高齢者へ見え透いたお世辞を言えばいいわけでもありません。そうしたことばに対し

相手は敏感に感じ取り、信頼関係が損なわれ逆効果になってしまいます。

事例 気を利かせたつもりが怒らせた

　利用者Ｄさんは歩行に介助が必要なので、介護職員が外出支援のため訪問しています。あるとき家に帰る途中、Ｄさんの動きが止まってしまったので介護職員が「お疲れのようですね。少し休みますか」と声をかけました。するとＤさんは、「まだ大丈夫だ。人を年寄り扱いするな」と怒ってしまいました。

相手を説得しようとしない

理屈だけでは動かないのが人間です。相手の感情にも配慮しましょう

相手の感情を思いやり、ことばをかける

こちらのことばが受け入れられるかどうかは、ただ単に話す内容が正しいか否かという問題だけではありません。いくら理詰めで正論を言ったとしても、相手の意志や感情を抑えつけ、無視するような言い方をするなら、相手には受け入れてもらえないでしょう。

ですから「自分は正しいことを言っている。だから相手がそれに従うのは当然だ」などと考えてはいけません。人は正しいという理由だけで相手の意見に従うわけではないのです。

むやみに自分の意見を利用者に押し付けるのではなく、利用者の思いに配慮したことばかけをこころがけましょう。「もしよろしければ」

第1章　人を不快にさせない言い換えは、こころ構えから

の一言をそえるだけでも、ずいぶん変わってきます。また利用者に対して「○○していただけますか」と丁重にお願いすることが効果的な場合もあるでしょう。すべての根幹は利用者のことを理解、尊重することにあるのです。

事例　助言をして利用者を怒らせた

　利用者Eさん宅には生活支援で訪問しています。Eさんの掃除の仕方が非効率的に思えた介護職員は、「もっと楽で効率のよい方法がありますから、掃除のやり方を変えましょう」と言いました。Eさんは、「他人にとやかく言われる筋合いはない」と怒ってしまいました。

こんな言い方はNG

相手を傷つけるような言い方に注意しましょう

相手を傷つけることばとは

　以下に挙げた5つの言い方は、口にしがちなことばではありますが、決して相手に言ってはいけません。くれぐれも気をつけましょう。

【脅すような言い方】
　×そんなことをしたらケガをしますよ。
　×寝たきりになってしまいますよ。

　相手があなたのことばに従ったとしても内心強い反発を覚えるでしょう。このような状況では利用者との信頼関係を築くことが困難になります。

第1章　人を不快にさせない言い換えは、こころ構えから

【馬鹿にしたような言い方】
　×どうせできないのだから、無理しないでください。
　×少しは歳を考えてください。

　言われたほうは否定的な評価を敏感に察知します。

【否定形の言い方】
　×「〜はやめてください」
　×「〜してはいけません」

　否定形の言い方は相手を傷つける上に、反発を招いたり、無力感を与えてしまいます。

【弱みをつく言い方】
　×足腰が弱っているんですから無理しないでください。

人は自分が引け目を感じていることを口にされたくありません。こうしたことばも相手のやる気に対し、悪影響になります。

【皮肉まじりの言い方】
　×ずいぶん無理をなさるんですね。
　×のんきでいいですね。

　皮肉を言ったところで抑止効果はありませんし、相手の反発を招くだけの結果となります。

第2章

援助場面ごとの
言い換え

援助場面でありがちな事例をあげて、ことばかけのポイントと言い換えフレーズの良い例を見ていきます。

家事援助の場面での言い換え

長年利用者が培ってきたやり方への ことばかけは慎重にしましょう

事例：食事制限を守らない

　Fさんは高血圧で、医師から塩分を制限するよう言われています。しかし、塩辛いものを好み、「食べたいものを食べられないなら死んだほうがまし」と言って、医師の指示を守りません。今日も介護職員が調理した減塩食に文句を言って、しょう油をかけてしまいました。

　Fさんの体調を心配した介護職員が「食事制限が必要なのはおわかりですよね。体調が悪くなって困るのはFさんご自身なんですよ」とつい強い口調で言うと、Fさんはむっとして寝室にこもってしまいました。

第2章　援助場面ごとの言い換え

● **ことばかけのポイント**

　介護職員のことばは正論ですが、Fさんを不快にしただけで効果はありませんでした。

　食べたいものを食べられないでいる相手の立場に立ってことばかけをしましょう。Fさんの好みに配慮したり、大切に思っている人の名前を出すなどという方法が考えられます。

○ **良い例**
- お好きなものが食べられないのはお辛いですよね。Fさんのお好きな味噌煮込みをつくりますね。減塩でもおいしいんですよ。
- 娘さんもおからだを心配されていますよ。

居住環境整備の場面での言い換え

自分のテリトリーを他人にいじられるのは嫌なものです

事例：部屋にものが散乱している

　歩行がやや不自由なGさんの部屋は、ものが散乱して危険な状態で、転倒の危険があります。
　介護職員が「お掃除してもいいですか」と尋ねると、「大事なものがあるから触らないで」と言われてしまいました。そこで、「足元が危ないのでゴミだけ捨ててもいいですか」と尋ねると、「ゴミなんかないよ！」とGさんを怒らせてしまいました。

● ことばかけのポイント

　Gさんにとって危険な状態を改善したいという介護職員の判断は正しいものです。ではなぜGさんを怒らせてしまったのでしょうか？

第2章　援助場面ごとの言い換え

　生活支援は、利用者とともに行うと効果的です。介護職員は、Gさんと一緒にお掃除を行いたいと伝えるとよかったのかもしれません。
　また、「ゴミ」という決めつけにより、さらにGさんは気分を害してしまったと思われます。
　「Gさんのやり方を教えてほしい」とお願いしてみるのもよいでしょう。

○ 良い例
- 一緒にお掃除していただけませんか。
- 私はお掃除が苦手なので、Gさんのやり方を教えてください。

事例：無理して片づけようとする

　Hさんは几帳面でこたつなどの道具もきちんとダンボールに入れて物置に保管しています。ただ今は足が少し悪く長時間歩けないため、季節はずれのこたつを居間から寝室の隅に移すだけになっています。

　寝室が狭くなると転倒の危険性があると思った介護職員が「寝室が狭くなると危ないですから、私がこたつを片づけましょうか」と申し出たのですが、Hさんは「自分で片づけるから放っておいてくれ」と言います。

● ことばかけのポイント

　几帳面なHさんですから、こたつをきちんと片づけられないことが気になっていたのでしょう。介護職員のことばかけは、Hさんに「片づけられない自分」という無力感を感じさせ、反発を招いてしまったかもしれません。

　相手の面目をつぶさないよう注意を払い、こ

とばかけを行いましょう。「必要なときは声をかけてください」など利用者の様子を見守りつつ、危ないときには手を差し伸べるという意思を伝えるとよいでしょう。

○良い例

- 一緒に片づけましょうか。
- よろしければお手伝いしましょうか。

整容介助の場面での言い換え

生活習慣についてのことばかけを理解しましょう

事例：口腔内の衛生状態が不安

　Ｉさんは普段、一日に朝一回しか歯を磨きません。そのため虫歯があり、少し口臭もします。Ｉさんの口腔内の衛生状態に不安を感じている介護職員は、夕食後、「歯を磨きましょう」と勧めると、Ｉさんは「いやだ」と言います。介護職員が「<u>虫歯が悪化しますよ</u>」と言うとＩさんは「うるさい」と怒ってしまいました。

● **ことばかけのポイント**

　口腔内の衛生状態を気にすることは、介護職員として正しい判断です。口腔内を不衛生なまま放置すれば虫歯が悪化し、食事に支障をきたすなどの問題につながります。だからといって

利用者に「虫歯が悪化する」と脅すような言い方をしていいわけではありません。

　ことばをかける際、マイナス面を直接指摘するのではなく、口の中がさっぱりして食事がよりおいしくなるなどのプラスの面を強調しましょう。それにより抵抗なくこちらのことばを受け入れてもらえるようになります。相手を傷つけないことばかけが望ましいのです。

○良い例

- お休み前に、口をさっぱりしませんか。
- 風邪が流行っているので手洗いとうがいをしていただけますか。

事例：着替えを嫌がる

Jさんは普段、めったに出かけることはなく、家のなかでいつもパジャマを着て過ごしています。

介護職員が「食事だから着替えてください」と着替えを勧めても「外に出るわけじゃないからいいじゃない」と言います。介護職員が「ずっと同じ格好はよくありませんよ」とさらに促したところ「いいって言ってるでしょ」と機嫌を損ねてしまいました。

● ことばかけのポイント

介護職員が無理強いして着替えてもらっても、相手には不快な気持ちしか残りません。また着替えを強要されることで、自分の尊厳を踏みにじられたと感じるかもしれません。

そこで利用者が自分の意志で進んで着替えたいという気持ちになるようなことばかけが必要になってきます。着替えるということが、利用

者自身にとっても有益であるということをやわらかく伝えてもよいでしょう。利用者が大事に思っている人のために身だしなみを整えるよう言ってみるのも一つの手です。また楽しいシチュエーションを想定できるようなことばかけもよいでしょう。

○良い例

- 今日は桜がとてもきれいですよ。お天気もいいですし、着替えて少し外に出ませんか。
- 息子さんから今日いらっしゃるとご連絡がありました。この間のブラウス、とてもお似合いでしたので、着替えませんか。

移動介助の場面での言い換え

移動に介助が必要な人へのことばかけを学びましょう

事例：立てるのに立とうとしない

　Kさんは介助なしには歩くことができません。立位はとれるので、移動介助のときなどに立位をとるようお願いしても、「私は立てないから」「転ぶと怖いから」「できないものはできない」などと言って、自分で立とうとしてくれません。

● ことばかけのポイント

　無気力になってしまっている利用者に対しては、自分ができることを経験してもらうことで自信を取り戻してもらうのが重要です。

　たとえばベッドから車いすへの移乗の際などに、介護職員につかまって立位をとってもらう

というようなことでもよいでしょう。
　その際、ことばかけも重要なポイントになります。
　ことばをかける際、相手に「立てるといいですね」「もっと外出できるように立ってみましょうか」など、相手の無力感を取り除いたり、モチベーションをかきたてることばかけがよいでしょう。

○良い例
- 立てるといいですね。
- (移乗中立位のとき、あるいは排せつ介助のときなどに)すみません。私につかまって立っていていただけますか。
- (介護職員につかまって立位をとってもらったあとで)Kさんのおかげで助かりました。

事例：立てないのに立とうとする

　Lさんはここ数年で急速に足が衰え、今は一人で立位をとることもできません。しかしLさんは、強引に一人でトイレへ行こうとし、そのため床に倒れてしまうこともあります。介護職員が「危ないじゃないですか。ケガしたらどうするのですか、無理しないでください」と言うと、Lさんは腹を立て、その後しばらく口をきいてくれませんでした。

● ことばかけのポイント

　人間誰しも以前できたことができなくなることは受け入れがたいものです。したがって利用者が一人で立とうとしたことについて叱責、批判するようなことばかけをしてはいけません。

　自分で立とうとしたLさんの気持ちを理解し、気遣うこころをもってことばをかけましょう。

　常に相手の気持ちを受け入れるように努め、

第2章　援助場面ごとの言い換え

やさしくことばをかけましょう。

○良い例

- (Lさんの排せつリズムを把握した上で、適切なタイミングで声かけをします)
  Lさん、お手洗いに行きませんか。
- (ポータブルトイレを設置して、声かけをします)
  廊下が暗いので、夜はこちらのトイレを使っていただけますか。お声をかけていただければ、いつでもまいりますから。

食事介助の場面での言い換え

高齢者にとって食事は楽しみの一つです。食事が進むことばかけとは

事例：食事をとろうとしない

　Mさんは物静かで、口数が少ない人です。生活支援のため介護職員が食事を作っていますが、あまり手をつけていないことがあります。

　心配した介護職員が「おいしいですから召し上がりませんか？」と勧めても、Mさんはただ「食べたくない」と言います。「食べないと元気が出ませんよ」と言うと、Mさんは「食べようが食べまいが私の勝手でしょ」と怒ってしまいました。

● ことばかけのポイント

　体調を心配しているからといって、相手の心情を無視して食べるよう強い口調で言っても、

第2章　援助場面ごとの言い換え

相手が受け入れてくれるものではありません。食事を強要するのではなく、利用者の好みを把握するように努めることが大切です。

　Mさんに、故郷の味や思い出の味について尋ねてみるのです。複数で生活支援に入っている場合、他の介護職員に、Mさんが喜んで召し上がったメニューを尋ねてもよいでしょう。

　食べないのは体調がよくないからという可能性もあります。たとえば口腔の状態によって食欲が落ちることもあります。

　普段と違った点はないかよく観察し、利用者の体調を気遣うことばをかけましょう。

○良い例

　在宅の場合は調理前にMさんの希望を確認しましょう。

- 何か召し上がりたいものはありませんか。
- Mさんがおいしいとおっしゃる●●のつくり方を覚えたいので、教えていただけますか。

事例：食事がうまく食べられない

　Nさんは食事の際、介助は必要ありませんが、指先がうまく動かないためテーブルにポロポロとこぼしてしまいます。そのことでNさんは「思うように手が動かなくて」と言っていつも落ち込んでしまいます。介護職員は「<u>年配の方にはよくあることなので大丈夫ですよ</u>」と声をかけるとNさんはより落ち込んでしまいました。

● ことばかけのポイント

　Nさんは、思うようにはしやスプーンなどを使えないことについて思い悩んでいます。

　介護職員は、Nさんの心情を思いやり、少しでもなぐさめになるようなことばかけをこころがけましょう。

　介護用のはしやスプーン、フォークなどを取り入れるよう勧めてもよいでしょう。

第2章 援助場面ごとの言い換え

○良い例

- 食べやすいおはしがあるんですよ。
- よろしかったら使ってみてください。
- おいしく食べられれば、いいじゃないですか。
- 私もよくこぼすんですよ。

事例：左半分が認識できず食事を残す

　Oさんは歩行や手足についてはそれほど大きな問題はないのですが、左半側空間無視の症状があります。そのため食事のときに苦労しています。いつも左半分が認識できないため、左側に置いてある食事がまるまる残ってしまいます。そこで介護職員は「まだ残っていますよ」と声をかけました。Oさんは介護職員のことばが理解ができず困惑してしまいました。

● ことばかけのポイント

　利用者の左半側空間無視について直接指摘しないようにしましょう。利用者は自分の障害について口にしてほしくないものです。また左半分が認識できていないことを、本人が自覚していない場合もありますので、ただ「左に残っている」と言っても伝わりません。

　残った食事の存在に気づいてもらうような、ことばかけが必要です。配膳の際に「ここに○

○があって、○品あります」など、あらかじめ位置や品数を具体的に伝えるとよいでしょう。

　またその際、利用者をはげますようなことばかけもするとよいでしょう。

○良い例

- (左にある食べ物を右に移動させ)こちらも召し上がってくださいね。
- 今日の食事は○品あります。

入浴介助の場面での言い換え

リラックスできる入浴場面でのことばかけを学びましょう

事例：入浴を嫌がる

　Ｐさんはお風呂が嫌いで、介護職員が勧めても週一回程度しか入りません。そのため悪臭がすることもあり、不潔な状態になっています。あるとき介護職員は「洗ってもらわないと困ります」と言ってしまいました。Ｐさんは「人にあれこれ命令するな」と怒ってしまいました。

● ことばかけのポイント

　「入浴しないと汚い」など否定的な言い方で入浴を勧めると、相手を傷つける可能性があります。

　入浴によるリラックス効果などのプラスの面からやんわり入浴を勧めることばをかけるとよ

いでしょう。また「湯船につかるだけでもどうですか」などとことばをかけるのもよいでしょう。

○良い例
- 暑いですから、さっぱりされませんか。
- 寒いですから、少し温まってはいかがですか。
- 外出される前に、さっぱりされませんか。

■事例：入浴介助を拒否された

　Qさんは入浴自体は好きなのですが、介護職員の介助については「リラックスできない」「恥ずかしい」と言ってかたくなに拒みます。

　しかし、だいぶ足腰が弱っていて、先日、浴槽から出る際に転倒してしまいました。幸い大事には至りませんでしたが、転倒による骨折などの恐れもあります。介護職員が「危ないから介助させてください」と言うとTさんは「いや、いらない」と拒否します。「ケガをされると困るので」と言うと、Qさんは「自分でできるって言っているだろう」と怒ってしまいました。

● ことばかけのポイント

　もっとも無防備な状態である裸を、他人の前にさらすのですから、利用者が入浴の介助を嫌がるのは当然のことです。また介護職員に対する遠慮もあるでしょう。

　「一人では危険だから」とか「無理」などと決

め付けると、反発心からますますかたくなに介助を拒否するかもしれません。

　介助することで、利用者にとってもプラスになることを伝えるとよいでしょう。たとえば「心配なので見守ります」など、利用者のためを思って介助するというこころが伝わるようにしましょう。

○ 良い例

- 転ぶ心配をせずに入れるようにしましょう。
- 浴槽への出入りのとき、少しだけ、お手伝いさせていただけませんか。

排せつ介助の場面での言い換え
デリケートなことをうまく伝えるためには

事例：失禁で衣服と床が濡れていた

　左片まひのあるRさんは遠慮がちな人で、なかなか介護職員に言いたいことが言えません。ある日、食事の時間を知らせるため個室を訪ねると、失禁して目に涙を浮かべ、呆然としているRさんがいました。介護職員は処理に追われて、その場ではRさんの心情に十分配慮した対応をすることができませんでした。

● ことばかけのポイント

　利用者は自分のしてしまったことにショックを受けています。また現状を受け入れられない人もいます。一番傷ついているのは本人なのですから介護職員が騒ぎ立てたり、不用意なこと

第2章　援助場面ごとの言い換え

ばをかけてしまうと、利用者をさらに落ち込ませてしまいます。

　処理ももちろん大事ですが、同時に利用者の気持ちに配慮した声かけをします。失禁したことを気にしているようであれば、「大丈夫ですよ。お気になさらず」など、相手をなぐさめるようなことばかけをしましょう。

○良い例

　（直接失禁には触れずに）
- お風呂に入りましょうか。
- 着替えましょうか。

　（なぐさめの言葉かけ）
- 大丈夫ですよ。お気になさらず。

事例：おむつをつけるのを嫌がった

　Ｓさんは、失禁があるためおむつをつけて生活していますが、たびたび外してしまいます。介護職員がつい先回りして「<u>外さないでくださいね</u>」と何度も言ってしまい、「私の勝手だろう」とＳさんを怒らせてしまいました。

● **ことばかけのポイント**

　おむつをつけることには、誰しも恥ずかしい、嫌だ、みじめであるという気持ちが存在します。またおむつの中が蒸れて気持ち悪いという理由で外してしまう人もいます。

　おむつの着用は利用者の心身にマイナスの影響を与え、生きる意欲の低下につながることもあります。おむつの着用は最終手段であり、可能な限り使用しないことが望ましいのです。

　Ｓさんにはおむつを外した理由を丁寧に尋ね、何が嫌なのかなど相手の言い分をしっかり聞くようにしましょう。そのうえで、相手の羞

恥心などに配慮したことばをかけるようにします。またおむつをつける利点を根気よく伝えるのもよいでしょう。今後どうすればいいかをケアマネジャーなどへ相談することを約束するのもよいでしょう。

○良い例

- わかりました。もう一度ご相談しましょうか。
- Sさんの希望を伝えますので、いまはお使いになってはいかがでしょう。(失禁を)心配しなくてよくなりますよ。

事例：おむつの中に手を入れる

　Tさんは、おむつを使用して施設で生活していますが、時々おむつの中に手を入れ、陰部を触っています。介護職員がやめるよう言っても反応がありません。他の利用者から「またTさんがやっている」と苦情があったので「<u>他の人に迷惑だし、汚いからやめてください</u>」と言ってもおさまりません。

● **ことばかけのポイント**

　おむつの中は密閉されているために蒸れやすく、不快感やかゆみを感じていたり、陰部の洗浄が不十分であるケースもあります。つまり、ただ単に陰部を触って不潔であると言うだけでなく、「何か問題はありませんか」などと相手が抱えている悩みや苦痛を聞いた上で、解決に向けたことばかけをするとよいでしょう。そのためには入浴や陰部洗浄、おむつ交換などの際に確認することも重要です。問題が解決するこ

とによっておのずと陰部を触る行為がなくなるかもしれません。

○良い例
- 痛みやかゆみがあるのですか。
- 気持ち悪いのですか。下着をきれいにしましょうか。

買い物の場面での言い換え

金銭がからむため、特に細かい配慮が求められます

■事例：大量のものを買おうとする

　Uさんは、買い物が大好きでスーパーへ行くたびにとても食べきれないほど食べ物を買います。介護職員はUさんの家族から「お金があればあるだけ使うので無駄遣いさせないで欲しい」と言われているため、「<u>こんなに買うと残ってしまうんじゃありませんか</u>」と止めるのですが、Uさんは「冷凍するからいいの」と言って聞きいれてくれません。

●ことばかけのポイント

　高齢者の多くは物のない時代を生きてきた人たちです。そのため家に物があふれていないと不安を感じる人もいます。またスーパーなどで

買い物するのが大きな楽しみという人もいます。

　お金の使い方に対するストレートなことばかけは慎みましょう。ことによっては相手は人格を否定されたような気持ちになり、信頼関係が損なわれてしまいます。

　買った物に対し、どうするのかを尋ね、そこから少し控えてくれるようことばをかけるのがよいでしょう。

○良い例
- 冷凍庫に同じものはありませんか。召し上がってから買われてはいかがでしょう。
- 買った直後のほうが新鮮なので、使う直前に買いませんか。

レクリエーションの場面での言い換え

楽しいはずのレクリエーションがことばかけ次第で台無しに

事例：参加してくれない

　Vさんは、大勢の人がいるところや集団行動が好きではありません。介護職員は一人でいることの多いVさんを心配して、「おもしろいから参加してみませんか」と、レクリエーションへの参加を勧めました。しかしVさんは、「興味がない」「人の多いところは……」と尻込みしてしまい、レクリエーションへの参加はかたくなに嫌がります。

● ことばかけのポイント

　レクリエーションへの参加を嫌がる人は内容が興味をひくものではなかったり、そもそも人と一緒に活動することが苦手であるなどの理由

があります。このような人に対して、レクリエーションへの参加を無理強いすればますます拒否反応を示すことになります。

「いろいろな内容がありますので、少しだけのぞいてみませんか」「途中で帰っても大丈夫ですよ」などと相手の不安を解消するようなことばをかけましょう。最初は参加しやすいよう、介護職員がフォローするとよいかもしれません。気軽に参加できるとわかり、仲間ができれば楽しく参加してもらえるようになるでしょう。

Vさんが興味をもてる内容のレクリエーションがない場合は、レクリエーションの内容に偏(かたよ)りがないか見直す機会になるでしょう。

○良い例

- 様子だけでもご覧になりませんか。
- 少しだけ参加してみませんか。意外と楽しいかもしれませんよ。

事例：言い争いが起きた

　Wさんは、周囲とよく言い争いを起こす人です。この日もレクリエーションで口論となりました。介護職員が何とかWさんを引き離し、Wさんに事情を聞くと、興奮して「相手が悪い」の一点張りで事情がさっぱりわかりません。

●ことばかけのポイント

　年齢を重ねるにつれて感情を制御できなくなる人もいます。このため、言い争いなどのトラブルを起こしがちな高齢者もいます。

　介護職員の役割は、善悪を判断することではありません。また利用者が興奮している状況で、言い争いをやめるようことばをかけたところで、収まることはないでしょう。大切なことは、それぞれの利用者のこころに寄り添うことです。

　まず双方に「一旦部屋へ戻りましょう」などと言い、冷却期間をとって、そして双方が冷静

さを取り戻したのを見計らってから言い争いが起きた事情を尋ね、それぞれの気持ちや思いをしっかりと聞くとよいでしょう。

　その際、Wさんはいつも問題を起こすからなどと先入観を抱いてはいけませんし、どちらか片方に肩入れするような発言も慎みましょう。

○良い例

- Wさんのお話をお聞きしたいので少し向こうへ行きましょうか。

外出の場面での言い換え

高齢者にとって外出することは楽しみでもあり、不安でもあります

事例：外出の準備が進まない

　Xさんは、外出時の服装や持ち物などをなかなか決められず、着替えも時間がかかります。この日も病院の予約の時間が迫っているにもかかわらず着替えも済んでいません。介護職員は「予約がありますから急いで着替えてください」と声をかけると、Xさんは「服が決まらないのよ」と言います。「間に合わなくなりますよ」「急いでください」と畳みかけるように言うと、Xさんは「もう行かない」と怒ってしまいました。

● ことばかけのポイント

　高齢者は若い人に比べて、動作の一つひとつがゆっくりです。当然外出の準備にも相応の時

間がかかってしまいます。もちろん本人なりに急いではいるのですが、からだが思うように動かず、若い人から見たらゆっくり動いているように見えるだけなのです。

　ですから介護職員が利用者に対し、せかすようなことばをかけてはいけません。本人も準備がなかなか思うように進まず、いらだっているかもしれないからです。高齢者に対してくれぐれも動作の速さに関することばかけは慎みましょう。これも高齢者のこころを傷つけることになります。

　「手伝いましょうか」など利用者を助けるようなことばをかけるとよいでしょう。このときも押し付けにならないように注意しましょう。

○良い例

- 準備はいかがですか。
- 手伝えることがあればおっしゃってください。

事例：一人で勝手に出かけようとする

　Yさんは、若い頃から外出が好きで、歩行に介助が必要となった今でも、一人で施設を抜け出して出かけようとします。介護職員が「一人で出かけるのは無理ですよ」「ケガでもされたらどうするんですか」と少し強い口調で言ったため、Yさんはがっかりしてふさぎこんでしまいました。

●ことばかけのポイント

　いちいち介護職員の手をわずらわせることへの気兼ねがあるかもしれません。

　これまでと同じように人の手を借りることなく自分の意思で自由に出かけたいというYさんの気持ちは、否定すべきではありません。

　この場合、「出かけるときはご一緒しますから、声をかけてくださいね」などと、相手の心理的負担を軽くすることばかけをするとよいでしょう。出かけるときに気軽に介助が頼めるよ

第2章 援助場面ごとの言い換え

うになれば、おのずと一人で外出しようとすることは少なくなるはずです。また、施設内での楽しいことに誘うのもよいでしょう。

○良い例
- どちらへ行かれるのですか、ご一緒しましょうか。
- みなさんが施設でお待ちですよ。

それ以外の場面での言い換え

状況に応じて適切なことばかけができるようにしましょう

機嫌が悪いとき

　まずこちらが冷静さを保ち、感情的なことばを発しないことが大切です。そして利用者が機嫌が悪くなった原因を丁寧に尋ねるようにするとよいでしょう。時間をおいて利用者が冷静さを取り戻してから聞くのも一つの手です。

○良い例
- 何でもおっしゃってください。
- ご不満があれば教えてください。

×悪い例
- 何でそんなに怒っているんですか。
- 機嫌を直してください。

誤解されてしまったとき

相手の言い分を真っ向から否定してはいけません。まず相手の言い分を十分に聞いた上で発言しましょう。

○ 良い例
- 誤解を招くようなことがあったのでしたら申し訳ありません。

× 悪い例
- それは○○さんの勘違いです。

ことばをかけても反応がないとき

高齢者の中には、無気力になる人もいます。相手の目線に合わせ、目を見てやさしくことばをかけるようにしましょう。

○ 良い例
- ご用のときは、おっしゃってくださいね。

×悪い例

- ちゃんとおっしゃってください。

どのような場合であっても相手の思いに配慮したことばかけが大事なのは言うまでもありません。

第3章

高齢者の状態に応じたコミュニケーション

認知症のある利用者、うつ病の利用者はことばかけに注意が必要です。
一人暮らしの利用者やからだの不自由な利用者には、心情に配慮したことばかけをこころがけます。

認知症の高齢者の場合

状態によってコミュニケーションの仕方を変えることもたいせつです

事例：部屋中に物が散乱している

　Ｚさんは、認知症で一人暮らしをしています。部屋にはゴミらしきものが山ほど散乱しています。介護職員は物が生活に支障をきたすほど部屋に散乱している状況なので、何とか片づけたいと考えています。そこで介護職員がそれとなく片づけようとしてそれに触れたとたん、Ｚさんは「何をするんだ」と言って機嫌が悪くなってしまいました。

●ことばかけのポイント

　相手が認知症だからといって、相手の感情や意思をないがしろにしてよいはずがありません。介護職員にとってゴミのように見えるもの

でも相手にとっては大切なものかもしれません。くれぐれも捨てることを強要するようなことばは言わないようにしましょう。また収集が一時的なこともありますので、害のない物の場合はそのままにしておくのも手です。

　置く場所の確保や整理を勧めることで、相手にそれとなく捨てることを促すようなことばかけもよいでしょう。

○良い例
- こんなにあると置き場所に困りませんか。
- 一緒に整理してもよろしいですか。

事例：作話がみられる

　Aさんは、おしゃべり好きで介護職員が来るとうれしそうに話しかけます。しかしAさんは「私は身寄りがない」「他の利用者にたたかれた」など事実とは異なることを介護職員に話し続けます。介護職員がつい「この前言っていたことと違っていませんか？」と言ってしまいました。するとAさんは、「私の話が嘘だと言うのか」と怒り出してしまいました。

● ことばかけのポイント

　認知症の高齢者には記憶が混乱することによる作話がみられることがあります。作話とは、記憶障害を補うために、実際には経験していない事柄を、まるで事実であるかのように思い出し、口にすることです。本人にはそれが嘘であるという自覚はありません。

　ですから作話を否定したり反論することは、高齢者を傷つけるだけなのです。また話の内容

を訂正したところで、相手は訂正を受け入れることはありませんし、反発心が残るだけです。

相手の話に間違いや矛盾があったとしても聞くという姿勢が大切です。

間違いがあっても訂正したりせず、他の人を傷つけるような話でなければ、そのまま受け入れるようなことばかけが必要です。

〇良い例

(肯定、否定もせずちゃんと話を聞いているという返事をする) はい、なるほど。

事例：せん妄で幻覚がある

　Bさんは、最近施設に入居した人です。施設に入る前は、大きな問題はみられなかったのですが、施設にきたとたん言動に混乱がみられ、部屋の中に虫がいると騒ぎます。介護職員が「<u>虫なんかいませんから、落ち着いてください</u>」とと言っても、一向に収まりません。

●ことばかけのポイント

　せん妄とは意識の混濁に加えて、幻覚や錯覚、不安、失見当識など言動に一時的な混乱が起こる状態を指します。相手の言うことを否定してはいけません。肯定的かつ客観的なかかわり方をするようにこころがけましょう。

　ただし錯覚や幻覚については同調しないようにします。

　また、せん妄が起こる背景に重篤な病気がかかわっている場合もあるため、利用者の状態をきちんと把握しておくことも重要です。

ことばをかける際は、相手の顔を見てゆっくりかつはっきりと言いましょう。錯乱している相手を落ち着かせることがまず第一です。安心することでせん妄の症状も緩和されます。

○良い例
- （幻覚や錯覚を訴える人に対し）そうなんですか、もう大丈夫ですよ。

事例：帰宅願望がある

　Cさんは、施設に入所してからというもの「家に帰りたい」「いつになったら家に帰れるの」と頻繁に口にします。しかしCさんを家に帰すことはできないため、介護職員がなだめようとして、「当分の間、家に帰ることはできないんですよ。ここがCさんの家なんです」と言うと、「ここは私の家じゃない！なんで家に帰してくれないの！」と怒り出してしまいました。

● **ことばかけのポイント**

　施設などから家へ帰ろうとしたり、家にいるにもかかわらず家に帰ると言う、帰宅願望のある利用者もいます。帰宅願望のある利用者の多くは、「なぜ自分がここにいるのか」と施設で暮らすことを不本意に感じていたり、不安に思ったりしています。

　まず相手が帰りたいと思う理由を聞き、そして相手の気持ちを受け止めた上で、ことばをか

けましょう。帰りたいという気持ちの根底には不安があるので、不安を取り除くような対応がよいでしょう。

○良い例
- 今日はここに泊まるように息子さんから言われているんですよ。
- 明日、お迎えが来たら、一緒に帰りましょう。
- 何か心配なことがあるんですか。

事例：物盗られ妄想で周りの人を責める

　Dさんは、物盗られ妄想があり、財布などがなくなると介護職員や家族に向かって大声で「あんた、私の財布盗ったでしょ」と問い詰めます。「私たちは盗っていませんよ」と答えると、Dさんは「みんなグルだね」と責めます。介護職員が「<u>ご自分がどこかに忘れたのではないですか？</u>」と言うと、Dさんはますます怒ってしまいました。

● ことばかけのポイント

　物盗られ妄想とは、財布など大切なものをしまい込んでその場所を思い出せないのに、身近な人に盗まれたと考えてしまうことを言います。
　認知症の人の妄想だからといって、言い分を無視するのは望ましくありません。また、利用者の誤りを指摘しても、利用者は正しいと信じ込んでいるのですから逆効果です。まずは、利用者の訴えを真摯(しんし)に聞くことが大切です。

第3章 高齢者の状態に応じたコミュニケーション

　この場合、見つからない物の形、大きさ、最後にそれを見たのはいつかをできるだけ詳細かつ具体的に聞きましょう。その後、「私も一緒に探します」と言って利用者の目に見えるところで探すとよいでしょう。介護職員への信頼感が増すことで、利用者の気持ちが落ち着くこともあります。

○良い例
- そうなんですか、私も一緒に探しますよ。

うつ病の高齢者の場合

うつ病に対する知識をもち、慎重でやさしいことばかけをしましょう

事例：もう死にたいと頻繁に言う

　Eさんは、最近奥さんを亡くし、うつ病を発症しています。毎日のように「もう死にたい」と幾度となく言います。介護職員はそんなEさんを何とかしたいと思い、うっかり「元気を出してください」と声をかけてしまいました。Eさんは、一層ふさぎ込んでしまいました。

● ことばかけのポイント

　高齢者には配偶者の死などの喪失体験をきっかけにして、うつ病を発症する人もいます。こうした人に対しては言動に細心の注意が必要です。相手の話を傾聴する必要はありますが、悲観的なことばに同調してはいけません。また、

うつ病の人に安易に「がんばってください」などのことばかけをしてはいけません。他の人にとって何でもないことばが、うつ病の人には大きな心理的負担になってしまうこともあるからです。

相手のこころに寄り添いつつ、相手の気持ちに理解を示しながら、相手のこころを安定させることばをかけるようこころがけましょう。

○ 良い例

- おつらいですよね。
- ゆっくり休みましょう。

独居高齢者の場合

独居の不安や心細さに配慮したことばかけをしましょう

事例：帰ろうとしたら引き止められた

　Fさんは、一人暮らしでいつも介護職員が来るのを楽しみにしていて、介護職員がいる間ずっと話しかけてきます。介護職員が帰る段になると、「寂しいし、もうちょっとだけいてほしい」と引き止めます。介護職員が<u>もう終了時間ですので</u>と言うと、Fさんは「冷たいのね」と落ち込んでしまいました。

● **ことばかけのポイント**

　独居の高齢者が一人で暮らすのはとても寂しいものです。また常に一人でいる寂しさから話し相手が欲しいと思っています。介護プランに基づいたサービスを行うことが介護職員の役割

第3章 高齢者の状態に応じたコミュニケーション

ですが、独居の高齢者は介護職員に話し相手や心理的な支えとしての役割も求めています。

　利用者から頼られたら、なるべく利用者のこころに寄り添ったことばかけをしましょう。形式ばった事務的なことばは相手を傷つけてしまいます。

◯良い例

- お寂しいのは十分承知しています。また2日後にうかがいますから気を落とさないでくださいね。

からだの不自由な高齢者の場合

思うようにからだの動かない人の心のうちを理解しましょう

■事例：身体が不自由でイライラしている

　Gさんは、脳卒中の後遺症で左半身が不自由となってしまいました。懸命なリハビリのすえ、少し動かせるようになりましたが、日常生活に介助を必要としています。Gさんは、そんな自分を受け入れられず、いらだちを隠せない様子で妻に対して当たり散らしています。

　ある日、車いすへの移乗のとき、Gさんが介助しようとした介護職員の手を払いのけ転倒してしまいました。介護職員が「介助なしでは無理ですよ」言うと、「余計なお世話だ」と怒鳴られました。

第3章　高齢者の状態に応じたコミュニケーション

●ことばかけのポイント

　からだの不自由な高齢者の中には、今の自分の現実を受け入れられない人もおり、その気持ちが態度に現れることもあります。そのため介護職員に過度に依存したり、また逆にきつく当たったりする人もいます。

　障害の受容に時間がかかるのは当然のことです。Gさんはまだ自分の状態を受け入れることができない状態におり、怒りをどこに向けてよいのかわからないのでしょう。

　介護職員は、Gさんの態度に一喜一憂することなく、変わらない態度で接することが必要です。

○良い例
- 思い通りにいかず、おつらいですよね。

たとえ相手がどのような状況であれ、等しく敬意を払い、真心をもって言葉をかけることが望まれます。

付録1

うまく言い換える
コツ

　一番のコツは、相手にとってわかりやすいことばで話すことです。
　また、尊敬できる介護職員をまねることで、介護職員らしさが身に付くでしょう。

わかりやすいことばに

ただやみくもに言い換えればよいわけではありません

相手に伝わる言い方とは

　相手に伝わる言い方といっても難しく考える必要はありません。以下にあげたいくつかの方法を実行するだけで十分です。

【副詞を上手に使う】
　程度を表す副詞などをうまく使うことによって、よりやわらかく相手に伝えることができます。以下に挙げた副詞を間に挟むことで効果的になります。
　例)
- 「<u>ただの</u>普通の風邪ですよ」
- 「<u>ちょっと</u>失礼いたします」
- 「<u>ほんの少し</u>問題があります」

付録1　うまく言い換えるコツ

　ここに挙げた以外の副詞の中にも同じような効果があるものもあります。このような副詞を使うことで言い回しがやわらかくなり意見や反論であっても相手を怒らせることなく、受け入れられやすくなるのです。

【やさしく、わかりやすいことばを使う】
　言われてみればごく当たり前のことですが、多くの人が必ずしもできていないことでもあります。以下のことに気をつけるとよいでしょう。

● 具体的な言い回しを使う
　抽象的なことばを使うと相手にこちらの意図が正しく伝わらない可能性もあります。必ず具体的、誤解のない言い方を心がけましょう。
　例）
　×いろいろとありがとうございます。
　○アドバイスを頂き、ありがとうございます。
　×この前の件はどうなりましたか？

○先週の金曜日にお渡しした書類はどうなりましたか？

● 専門用語を使わない

　介護の現場で使うことばには、一般になじみのないことばも多くあります。たとえば褥瘡（じょくそう）などは介護職員でない多くの人にとってはピンとこないものでしょう。利用者やその家族と話す際は、そういったことばをわかりやすく言い換えて使う必要があります。

　例）
　×ポータブルトイレ→○部屋で使うトイレ
　×褥瘡→○とこずれ

● 漢語表現を多用しない

　会話で漢語表現を頻繁に使うと相手はすぐに連想できなかったり、理解できないことがあります。会話ではわかりやすい和語を使用するようにしましょう。ちなみに漢語は、中国から日

付録1　うまく言い換えるコツ

本に伝来した漢字の熟語で、音読みすることばです。一方それに対して和語は、日本固有のことばのことです。

例)
調理→ごはんをつくる
更衣→着替える
入浴→お風呂に入る

　人と話す際には、具体的かつ誰でも知っていることばで、わかりやすく話すことが大切です。

【「らしく行動する」ことで「らしく話せる」ようになる】

　読者のみなさんはおそらく、介護職員になってまだ日も浅いことと思います。そのため自分のことばや行動に自信がもてなかったり、もし業務をしているときに問題が起こった場合、きちんと対応できるのだろうかと、不安にかられたりするかもしれません。

　しかし心配することはありません。それは誰もが通る道であるからです。

　まず身近にいて尊敬できる介護職員をよく観察して、手本にすることから始めてみてください。

　それからその人を参考にして、自分があたかも一人前の介護職員であるかのように行動してみましょう。利用者に対することばかけも介護職員らしいものになっていくでしょう。

付録1　うまく言い換えるコツ

【MEMO】

付録2

日常的に使う ことばの言い換え

一見短所と見えることも、条件が異なれば長所になることも少なくありません。「好ましくないことば」を「好ましいことば」に積極的に言い換えることは、利用者に対する配慮はもちろんですが、利用者を敬い、気遣い、ありのまま受け入れることにもつながります。

言い換え一覧

肯定的なことばへの言い換えを学びましょう

肯定的なことばはより強く人を動かす

　私たちが普段何げなく使っていることばには、否定的なことばが多くあります。「どうせできないでしょう」「無理です」など、これらのことばはおのずと私たちを萎縮(いしゅく)させてしまいます。

　「〜してはいけません」という否定的なことばは、特定の行動のブレーキになるだけで、特定の行動のアクセルにはなりません。

　「〜するといいですよ」などという肯定的なことばには、否定的なことばよりずっと人を動かす力があります。それは相手に力や勇気、自信を与えるからです。

　介護職員は常に相手を敬う、気遣うことばを

使い、相手を傷つけることばを使わないようにしましょう。好ましくない印象を与えることばは、良い印象を与えることばに置き換えられるようにしましょう。

●**利用者のありのままを受け入れる**

　介護職員がある利用者に対して好ましくない感情を抱くと、たとえ口に出さずとも相手に伝わり、その利用者も介護職員に対して好ましくない感情を抱くという悪循環に陥ることが少なくありません。

　利用者の性格や習慣はこれまでの長い人生の経験のなかで培われてきたものです。

　介護という限られた場面で介護職員から短所に見える性格も、利用者がこれまで過ごしてきた環境においては長所であったのかもしれません。

　介護職員には利用者のありのままを受け入れ、受容することが望まれます。利用者に対し

てつい頭に浮かんでしまう短所も、異なる側面から見ることで長所に置き換える習慣を身に付けていきましょう。

付録2　日常的に使うことばの言い換え

言い換え一覧

　太字の「好ましくないことば」の言い換え一覧です。自分が使ってしまっていることばがあれば、言い換えのことばを覚えておきましょう。

【あ】

愛想が悪い
　→こびを売らない

飽き性
　→好奇心旺盛
　→気持ちの切り替えが早い

あきらめが悪い
　→ねばり強い
　→持続力がある

頭が固い
　→信念がある

甘えん坊
　→人にかわいがられる

あわてんぼう
　→行動的な

【い】

いいかげん
　→おおらか

行き当たりばったり
　→臨機応変

意見が言えない
　→ひかえめな
　→協調性がある

意地っ張り
　→意志が強い

いばっている
　→自信に満ちあふれている
　→肝がすわった

嫌みっぽい
　→手厳しい

陰気
　→物静かな

【う】

内気
　→おしとやか

うっとおしい
　→積極的な

うぬぼれ
　→誇り高い

うるさい
　→にぎやかな
　→元気

【え】

えらそう
　→威厳のある

遠慮がない
　→堂々としている

【お】

応用がきかない
　→基本に忠実

おおげさ
　→表情が豊か

大雑把
　→豪快

臆病
　→慎重

　→繊細

怒りっぽい
　→エネルギッシュ

おじいさん
　→ご年配の男性

おしゃべりな
　→社交的な
　→明るい

落ち着きのない
　→きびきびした
　→行動的な
　→好奇心旺盛な

おっとりした
　→細かいことにこだ
　　わらない
　→マイペースな

おとなしい
　→おしとやかな
　→ひかえめな
　→おだやかな

おばあさん
　→ご年配の女性

面白みのない
　→まじめな

付録2　日常的に使うことばの言い換え

【か】

かたくるしい
　→まじめな

カッとなる
　→情熱的な
　→感受性が豊かな

変わっている
　→個性的な

頑固な
　→意志が強い
　→自分の意見をもっている

【き】

気が多い
　→好奇心旺盛

気がきかない
　→物事に動じない

気が小さい
　→注意深い

気が強い
　→自信に満ちている

気が弱い
　→優しい
　→ひかえめな
　→おとなしい

きつい
　→率直な
　→自己主張ができる
　→自分の意見が言える

喜怒哀楽が激しい
　→感受性が豊かな
　→感情が豊かな

気味が悪い
　→個性的な

気難しい
　→信念を曲げない

嫌い
　→苦手

【く】

ぐうたら
　→自分の気持ちに正直

口うるさい
　→理論的な
　→批判精神豊かな

口が軽い
　→うそがつけない

口が達者
　→表現が豊か

口が悪い
　→自分の意見が言える
　→率直な

口下手
　→慎重な
　→誠実な
　→聞き上手

くどい
　→ねばり強い

暗い
　→おとなしい
　→ひかえめな

【け】

計画性がない
　→行動力がある

軽率な
　→行動的な
　→積極的な

ケチ
　→浪費しない
　→物を大切にする

【こ】

強引
　→リーダーシップがある
　→行動的な
　→行動力がある

強情な
　→意志が強い
　→自分の意見をもった

傲慢だ
　→プライドのある

こだわりのある
　→自分の意見をもった
　→信念がある

孤独
　→自立している

細かい
　→繊細な

【さ】

作業が遅い
　→丁寧

寂しがり
　→遠慮深い

さわがしい
　→にぎやか
　→明るい
　→活発な

【し】

しつこい
　→ねばり強い

自慢げな
　→誇らしげな

地味な
　→物静かな
　→ひかえめな
　→おだやかな

視野が狭い
　→集中力のある
　→一途な

消極的な
　→慎重な
　→ひかえめな
　→おとなしい

神経質
　→よく気が付く
　→几帳面

【す】

ずうずうしい
　→積極的な
　→堂々とした

すぐ泣く
　→感受性が豊かな

ずるい
　→頭がいい

【せ】

性格がきつい
　→はっきりしている

性格が暗い
　→物静かな
　→落ち着いている

責任感がない
　→こだわらない

せっかち
　→頭の回転が速い
　→行動的な
　→積極的な

【そ】

騒々しい
　→にぎやかな

そそっかしい
　→行動が素早い

【た】

退屈
　→平穏無事

だまされやすい
　→純粋な
　→素直な

だらしない
　→おおらか
　→こだわらない

短気な
　→感受性が豊かな
　→情熱的な

単純な
　→素直な
　→わかりやすい

短絡的
　→決断が早い

【ち】

調子にのりやすい
　→明るい
　→行動的な

【つ】

付き合いが悪い
　→ＮＯと言える

つまらない
　→おだやかな
　→ひかえめな

冷たい
　→冷静な

【て】

でしゃばり
　→世話好き
　→リーダーシップがある
　→積極的な

【と】

年寄りくさい
　→渋い

友達がいない
　→自立している

とろい
　→おっとりしている

鈍感
　→打たれ強い
　→物事に動じない

付録2　日常的に使うことばの言い換え

【な】

生意気な
　→自信に満ちている
　→堂々としている

なれなれしい
　→積極的な
　→社交的な
　→フレンドリーな
　→人懐っこい

【に】

鈍い
　→おっとりしている
　→物事に動じない
　→マイペース

【の】

能天気
　→前向き

のろい
　→慎重な

のんきな
　→細かいことにこだわらない
　→マイペースな

【は】

激しい
　→行動的な
　→情熱的な

はげている
　→（口にしない）

八方美人な
　→人付き合いが上手な
　→社交的な

派手
　→華やか

反抗的な
　→自分の意見をもった
　→自立心がある
　→自己主張ができる

【ひ】

悲観的
　→想像力豊か
　→考え深い

人付き合いが苦手な
　→控えめな
　→独立心のある

人に合わせる
　→協調性がある
人のことばに耳を貸さない
　→信念が強い
独りよがり
　→自分の考えに自信をもっている

【ふ】

ふざけた
　→明るい
　→ユーモアがある
　→陽気な
不親切
　→他人に干渉しない
太っている
　→(男性) 貫禄のある
　→(女性) ふくよかな
古臭い
　→味のある
無礼な
　→物怖じしない

【ほ】

ぼうっとした
　→細かいことにこだわらない
　→マイペースな
　→おっとりした
　→おだやかな

【ま】

負けず嫌いな
　→努力家
　→向上心がある
まずい
　→好きな人にはたまらない
周りを気にする
　→気が利く
　→心配りができる

【む】

無口な
　→おとなしい
　→物静か
無神経
　→おおらか
難しい
　→レベルの高い

付録2　日常的に使うことばの言い換え

無頓着な
　→こだわらない

【め】
命令口調が多い
　→頼もしい
　→リーダーシップが
　　ある

【も】
文句が多い
　→観察力がある
　→よく気が付く

【や】
野暮ったい
　→素朴
やせている
　→ほっそりした
　→スリムな

【ゆ】
優柔不断
　→思慮深い
　→慎重な
融通がきかない
　→周りに流されない

　→信念がある

【よ】
要領が悪い
　→マイペース
　→真正直な
弱々しい
　→ひかえめな
　→おとなしい
　→優しい

【り】
流行遅れ
　→時代に流されない

【る】
ルーズな
　→こだわらない

【ろ】
老人
　→ご高齢の方
　→お年を召した方

【わ】
わがまま
　→自分を大切にする

それ以外の言い換え

　ここに挙げた以外にも様々な言い換えがあります。普段から自分のことばに気をつけるようにしましょう。

　以上のように言い換えるのは、相手を思う、傷つけまいとするこころからです。人は誰しも他人から否定されたくはありません。人から認めてもらいたいと思っています。このことをしっかり胸に刻みましょう。

　言葉が変われば心が変わる
　心が変われば行動が変わる
　行動が変われば習慣が変わる
　習慣が変われば人格が変わる
　人格が変われば運命が変わる

　ことばが、すべてを変える第一歩となるのです。

◆ 参考文献

- MEDICAL RESOURCES Co., Ltd. 「そこが知りたい認知症.net」 http://www.ninchishou.net/
- 株式会社デルタプラス「心理学用語集 サイコタム」 http://psychoterm.jp/
- 北多摩北部保健医療圏ネットワーク「認知症ホームページ」 http://kitakita-dementia.renkei.org/wordpress/?cat=6
- 高次脳機能障害情報・支援センター「高次脳機能障害を理解する」 http://www.rehab.go.jp/brain_fukyu/rikai/shoujou/
- 国立国語研究所「病院の言葉」委員会 「『病院の言葉』を分かりやすくする提案」 http://www.ninjal.ac.jp/byoin/
- 諏訪茂樹『介護専門職のための声かけ・応答ハンドブック』中央法規出版、1992年
- 諏訪茂樹『続 介護専門職のための声かけ・応答ハンドブック』中央法規出版、1996年
- 諏訪茂樹、大谷佳子『利用者とうまくかかわるコミュニケーションの基本』中央法規出版、2007年
- 谷向知「帰宅願望ともの盗られ妄想」エーザイ株式会社「アリセプト」 http://www.aricept.jp/alzheimer/e-clinician/vol59/no608/sp05_01.html

【MEMO】

【監修者略歴】

諏訪　茂樹(すわ　しげき)

1987年法政大学大学院社会科学研究科修士課程修了。90年日本大学大学院文学研究科博士後期課程単位取得。99年日本保健医療行動科学会中川賞受賞。現在、東京女子医科大学看護学部人文社会科学系准教授、同大学院看護学研究科准教授。

大谷　佳子(おおや　よしこ)

コロンビア大学大学院教育心理学修士課程修了。昭和大学保健医療学部講師。

- 編集協力／有限会社エイド出版
- 表紙デザイン／能登谷　勇
- 表紙イラスト／どい　まき
- 本文イラスト／木野本由美

- 本書の文責は株式会社ヘルスケア総合政策研究所介護教育支援室にあります。

介護のしごとが楽しくなるこころシリーズ 12
気持ちを届ける　ことばの選び方

2014 年　6 月 16 日　初版第 1 刷発行

監　修　者	大谷佳子・諏訪茂樹
企画・制作	株式会社ヘルスケア総合政策研究所 ©
発　行　者	林　諄
発　行　所	株式会社日本医療企画
	〒101-0033
	東京都千代田区神田岩本町 4-14 神田平成ビル
	TEL.03-3256-2861（代）
	http://www.jmp.co.jp/
印　刷　所	大日本印刷株式会社

ISBN978-4-86439-256-3 C3036　　　　Printed in Japan, 2014
（定価は表紙に表示してあります）